AF259705

OBSERVATIONS

PRÉSENTÉES

A MES COMPATRIOTES

DISCOURS

PRONONCÉ PAR

M. LE MARQUIS DE GRAMMONT

DANS LA

SÉANCE DU CORPS LÉGISLATIF

Du 11 juillet 1868

Sur les Candidatures officielles et sur l'action
des Agents de l'Administration.

PARIS,

IMPRIMERIE ADMINISTRATIVE DE PAUL DUPONT,
Rue de Grenelle-Saint-Honoré, 45.

—

1868

Luxeuil, le 8 août 1868.

MESSIEURS ET CHERS COMPATRIOTES,

Plusieurs d'entre vous connaissent déjà les faits qui ont signalé les dernières élections au Conseil général pour le canton de Luxeuil. La conduite de M. le préfet de la Haute-Saône dans ces élections n'étant que le prélude de la campagne qu'il a dessein d'entreprendre contre moi, lors des prochaines élections législatives, je dois porter à votre connaissance les moyens par lesquels on ne craint pas de fausser le suffrage universel, cette base du gouvernement de l'Empereur. Je dois vous mettre à même de juger des abus qui révèlent, de la part de l'administration préfectorale de notre département, une ignorance complète du caractère indépendant et loyal de nos populations franc-comtoises, et un singulier mépris de la dignité des électeurs et de leurs droits.

C'est dans ce but que je publie et que je vous adresse les observations que j'ai présentées à la tribune du Corps législatif. Mais cette publication ne suffit pas. Ces observations, faites au milieu d'un débat incident à propos du budget du ministère de l'intérieur, ne touchaient et ne pouvaient toucher que quelques points choisis à dessein pour montrer à quels excès on se laisse entraîner quand on poursuit, à tout prix et à tous risques, le triomphe d'une candidature officielle. Vous verrez par ces observations que le cours de la justice a été arrêté dans un intérêt électoral par le préfet de la Haute-Saône; vous y verrez rapportés des faits de révocations ou éloignements qui montrent le peu de cas que l'on fait de la position, des services, du droit et de la dignité des fonctionnaires qui ne se prêtent pas complaisamment aux manœuvres électorales qu'il plaît au préfet d'ordonner.

Ces exemples suffisants à la tribune dans le débat, où ils ont pris place, ne le sont plus pour vous, électeurs de la Haute-Saône, qui devez connaître toute la vérité. Je vais la résumer en quelques mots :

Je n'ai pas à rechercher les causes de l'acharnement inouï de M. le préfet de la Haute-Saône contre ma candidature : vous nous connaissez l'un et l'autre; vous savez si, depuis que je vous représente, j'ai fait défaut à mon mandat de député; si je l'ai *librement rempli*, comme il m'a été *librement conféré*.

Il se peut que cette liberté, qui du reste ne s'est jamais départie de mes principes conservateurs, ait cependant déplu à l'administration supérieure, et qu'elle ait trouvé une raison suffisante de lutte contre moi, *sans merci*, dans l'indépendance de mes votes dictés uniquement, dans les circonstances graves où tout l'avenir du pays est si malheurement engagé, par les intérêts sacrés de la famille, de la propriété, de l'industrie et de l'agriculture, depuis quelque temps si péniblement atteintes dans nos laborieuses campagnes.

Ce qui est certain, c'est que jamais violence préfectorale n'a été aussi persévérante ; avant, pendant et après les élections, elle s'est signalée par des faits qu'il ne faut pas perdre de vue, au moment où va peut-être s'engager une nouvelle lutte électorale.

Dans une circulaire secrète, adressée au conservateur des forêts, où il emploie sa formule favorite, à l'aide de laquelle il espère à tort se dispenser de prouver des affirmations plus que hasardées que le public n'admet avec raison que sous bénéfice d'inventaire, *on m'informe, on a cherché, beaucoup de personnes s'étonnent, on cherche à vous égarer, les bruits mensongers répandus, etc., etc.* M. le Préfet, pour cette lutte où il ne craint pas d'apporter une hostilité toute personnelle, menace de *révoquer impitoyablement* (ce sont ses propres expressions) le premier agent des forêts qui se permettra *un* mot, ou une démarche contraire à ses intentions ; il annonce que ces agents *seront l'objet d'une surveillance spéciale*. Singulier langage, chers compatriotes, surtout si on le rapproche des assurances de M. Pinard, ministre de l'intérieur, qui déclarait au Corps législatif, précisément dans ce débat soulevé à l'occasion des élections cantonales de Luxeuil, que les fonctionnaires sont citoyens, électeurs maîtres absolus de leur conscience, libres de voter suivant leur opinion et de ne pas faire de propagande électorale ; à l'avenir donc, l'honorable ministre M. Pinard, mettant les actes d'accord avec ses franches déclarations, avec ces principes les seuls vrais, de pareils excès n'affligeront plus, n'humilieront plus le sentiment public.

Tel n'était point le sentiment du préfet Dubois de Jancigny, qui ne s'est pas contenté d'écrire des circulaires dans le goût de celle que je viens de rappeler, mais qui a révoqué ou éloigné les fonctionnaires honorables, aimés et estimés de vous, ceux. dont j'ai cité les noms à la tribune et bien d'autres.

M. le préfet ne borna pas à de tels actes la préparation de l'élection : Les habitants de Luxeuil, qui l'hébergent si gracieusement dans un magnifique logement, qui serait avantageusement loué au profit de la ville dont les finances ont été victimes de l'ignorance ou du mauvais vouloir de ce magistrat, se rappellent qu'il ne craignit pas de suspendre la distribution des secours aux indigents, pour punir la Société de secours mutuels

d'avoir demandé et obtenu du Conseil d'État la condamnatic
d'un excès de pouvoir, ordonné par lui-même, toujours en vt
d'élections ; mais j'ai été assez heureux pour paralyser alo.
sa mauvaise action, en substituant, pendant toute cette suspe:
sion, ma caisse à celle de la Société. Seul donc, j'ai été volo
tairement atteint par cette mesure illégale et violente.

Telle fut la préparation de l'élection; je ne parle pas de l'in.
tallation à Luxeuil et par suite de l'abandon prolongé de la pr
fecture et des affaires départementales, ni des courses dar
lesquelles M. le préfet, en uniforme et képi sur l'oreille, précéd
accompagné ou suivi de ses subordonnés de tout grade, prése:
tait ou prônait son candidat aux populations, avec une ardei
qui n'a pas semblé à beaucoup de témoins laisser intacte l
dignité personnelle qui ne devrait jamais abandonner les repré
sentants de l'autorité, surtout dans l'exercice de leurs fonctions

Si je suis bien informé, M. le préfet aurait, lors de la révisio:
dernière, renouvelé une présentation analogue, celle de *so*
jeune homme, soit d'un candidat officiel (dans la personne d
son ami et affidé Ribot).

Le conduite du préfet devait être un sujet d'encouragemei
pour le candidat officiel et pour ses partisans. Quand ce hau
fonctionnaire menace, révoque, éloigne, quand il se promène
réunit les conseils municipaux, offre des banquets, lors mêm

qu'il ne les paye pas, porte des toasts, convie à des punchs monstres dans des cafés, où il met, comme on le sait, en relief la réserve de sa tenue et la modération de ses sentiments, le candidat officiel, ainsi patronné, est tout naturellement amené à faire bon marché de la vérité électorale.

Aussi M. Bezanson, quelques jours seulement avant l'élection, pour obtenir les suffrages d'une commune, lui a fait cession d'une servitude de passage dans ses bois ; il a répandu l'argent dans les cabarets qui ont voulu se mettre au service de sa candidature, et pendant plusieurs jours dans nombre de communes, on donnait à boire et même à manger *gratis* à tous ceux qui voulaient voter pour lui. Bien plus on achetait des voix pour de l'argent; les prix variaient de 0,40 centimes à 100 francs.

Ce n'est pas tout; les fonctionnaires de tout ordre, maires, instituteurs, commissaires, gardes champêtres, gardes forestiers et autres répandaient partout les promesses et les menaces, menaces souvent suivies d'effet.

Enfin dans les bureaux électoraux, il n'est pas d'abus qu'on n'ait commis : ouverture du scrutin avant l'heure réglementaire, sans avoir rempli les formalités prescrites, afin d'avoir une composition du bureau à sa dévotion ; sur la table ou distribué dans la salle du scrutin, les billets seuls du candidat préfectoral, à l'exclusion de ceux du candidat indépendant; des billets ont été numérotés, paraphés par un maire, marqués de caractères distincts ; on a déchiré, refusé des billets portant mon nom, substitué plus d'une fois à mes billets ceux de M. P. Bezanson.

Ces faits sont-ils vrais ?

Pour les habitants du canton de Luxeuil, cette question est superflue ! Mais c'est à tous les électeurs du département de la Haute-Saône que j'adresse ces observations !

Ces faits sont-ils vrais ?

Je les ai déférés au Conseil de préfecture ; j'ai demandé à les prouver par une enquête : pour appuyer ma demande, j'ai apporté près de cent dépositions écrites, signées d'au moins deux cents propriétaires ou ouvriers de la localité.

La réponse de mes adversaires a été plaisante ; ils ont plaidé que je ne voulais pas d'enquête. Mon avocat leur a répondu à l'audience que nous concluions formellement à l'enquête, les a sommés d'y consentir ; mais ils se sont bien gardés d'acquiescer à ma demande. L'enquête nous a été refusée.

Qu'a-t-on dit pour la refuser ? Que les faits accablants cités dans ma plainte n'étaient attestés que par des individus ivrognes, tarés, condamnés par la justice ; mensonge et calomnie, je n'hésite pas à le déclarer ! Que plusieurs des déposants étaient revenus sur leurs dépositions, toujours même erreur ou mensonge ! Enfin que les faits étaient déniés par d'autres dépositions ; oui, par les intéressés ou les accusés eux-mêmes !

Tout mauvais cas est niable ; c'est le proverbe qui le dit.

Je le demande à tous les hommes de bonne foi, le seul moyen de savoir où était la vérité, de reconnaître qui avait dit vrai, de constater qui avait fait de la corruption, qui avait *menti, calomnié ;* le seul moyen de faire la lumière en présence des déclarations contradictoires, n'était-ce pas l'enquête ? L'enquête aurait mis chacun à sa place ; aussi tout homme sensé et loyal sera convaincu, que ceux qui n'ont pas voulu de l'enquête, sont ceux qui avaient intérêt à ne pas la vouloir ; or, moi, j'ai voulu, j'ai demandé l'enquête ; le préfet et son candidat, M. Paul Bezanson, s'y sont opposés ; ils sont condamnés par leur propre résistance !

Au surplus, j'ait fait imprimer les documents relatifs à cette affaire, et je les tiens à la disposition de ceux d'entre vous, chers concitoyens, qui voudront juger pièces en mains. Le nombre, le caractère de ces documents offrent une preuve qui, je n'hésite pas à le dire, supplée à l'enquête pour les esprits non prévenus.

Voilà comment ont été préparées et menées les élections au Conseil général pour le canton de Luxeuil. — Ce qui a suivi n'est pas moins digne de remarque.

Non content de son triomphe devant son Conseil de préfecture, M. le préfet, dont l'irritation et la haine ne savent pas se contenir, m'a assigné en police correctionnelle pour l'avoir appelé *Dubois* et point *Dubois de Jancigny*, pour lui avoir retourné avec toute justice et indignation, retourné l'attaque que calomnieusement il m'adressait dans sa lettre du 24 juin à M. Dauxon, adjoint de Dambenoit, et autres griefs ridicules sur lesquels je fournirai au tribunal une explication, dont sera, je l'espère, édifié M. le préfet.

Je pourrai alors, c'est mon droit et un devoir envers vous, braves et loyaux francs-comtois, vous édifier sur cette audacieuse manœuvre qu'il a employée largement contre votre député, honoré depuis tant de temps de votre confiance et affection, en l'accusant dans ses lettres, circulaires, proclamations et rapports au ministre, de semer la haine, le trouble et la division dans les familles et partout.

Il sera bon, instructif, moral de constater que cette déplorable agitation du canton de Luxeuil s'est précisément développée par l'arrivée de ce préfet qui s'est signalé dans les départements où il a passé, par un esprit peu conciliant, et qui, étranger à nos usages et à tous nos sentiments, y est resté non-seulement indifférent, mais s'est laissé accaparer par une coterie égoïste et envieuse.

Aussi son séjour à Luxeuil sera-t-il compté dans les jours néfastes de notre jolie et antique cité, privée depuis plus de dix mois, et sans motif avoué ni avouable, de ses mandataires élus qui, sincèrement dévoués à ses intérêts, les défendaient avec intelligence et fermeté.

Obéissant à un devoir de conscience, je me suis pourvu contre la décision du Conseil de préfecture devant le Conseil d'Etat qui n'a pas admis mon pourvoi. — On comprendra que, gardant un silence absolu sur cette décision de la justice administrative, je me borne à soumettre ces faits qui intéressent le pays à plus d'un titre, à l'appréciation souveraine de vous, mes chers mandataires, nos juges en dernier ressort.

Ce n'est pas au moment où les questions les plus graves se dressent de toutes parts et appellent une prompte solution, que la liberté électorale peut être indifférente ! Le temps n'est plus où la France pensait qu'elle n'avait rien de mieux à faire que de remettre en des mains puissantes la direction de ses affaires ; elle doit, elle veut se ressaisir de cette direction, parce que ses intérêts ne peuvent être bien servis que par elle seule. Il faut donc que les élections soient libres et honnêtes ! elles ne l'ont pas été. Si tous les candidats indépendants qui ont à se plaindre de la licence de l'administration publiaient comme moi leurs griefs, une vaste enquête serait faite sous les yeux du pays, notre grand juge à tous ; fort de la situation élevée que vous m'avez faite par vos suffrages constants, je veux continuer à m'en rendre digne en donnant l'exemple à côté du précepte, et en publiant mes griefs pour avoir le droit de demander à tous les hommes de liberté vaincus, de montrer au public avec quelles armes on les bat.

Il suffit, en effet, d'être un homme de liberté, indépendant de fortune et de caractère, n'ayant jamais sollicité ni voulu recevoir aucune dignité, aucune distinction honorifique, pour encourir l'hostilité et les rigueurs de l'administration ; aux yeux du préfet actuel, l'honorabilité et l'affection des populations sont des dangers publics ; les services que l'on a rendus, le bien que l'on a fait, celui que l'on fait et que l'on veut faire, sont des motifs de répulsion, d'exclusion en proportion de leur importance ! Pour moi, je ne passe point, que je sache, pour un factieux, pour un révolutionnaire, au milieu des populations conservatrices et très-libérales qui, depuis plus d'un demi-siècle, envoient mon père et moi siéger dans les Chambres ; — mais je passe pour aimer comme lui cette liberté modérée qui permet à un grand pays de se mêler de ses affaires ; je passe pour aimer et vouloir des finances sagement administrées ; pour détester et repousser les guerres inutiles, les expéditions aventureuses qui prennent le meilleur sang de la France?

C'est ce qui m'a valu, depuis plus de trente ans, le mandat de mes concitoyens; c'est aussi ce qui m'a valu, surtout depuis quelques années, l'hostilité de l'administration.

Si cette guerre continuait, non pas contre moi, mais contre tous ceux qui pensent comme moi, et le nombre s'en accroît chaque jour ; si nos principes conservateurs, notre respect pour l'autorité établie ne nous faisaient pas trouver grâce pour notre attachement à la liberté, c'est que le temps des tiers-partis serait passé. — Je ne veux pas encore le croire; car, s'il en était ainsi, je demanderais à tous les amis du Gouvernement combien de temps peut durer une telle obstination, un tel aveuglement contraires aux promesses libérales de l'Empereur.

Mais fidèle à ses solennels engagements, l'Empereur, mieux instruit des faits, ne voudra pas en ajourner l'exécution, ni en tolérer plus longtemps la violation flagrante et trop souvent récompensée.

Agréez, chers compatriotes, l'hommage des sentiments de votre tout dévoué et reconnaissant député,

Mis DE GRAMMONT.

Paris, imprimerie administrative de Paul Dupont. (3340.8.8)

DISCOURS

PRONONCÉ PAR

M. LE MARQUIS DE GRAMMONT

SÉANCE DU CORPS LÉGISLATIF

Du 11 juillet 1868

**Sur les Candidatures officielles et sur l'action
des Agents de l'Administration.**

MESSIEURS,

Au lieu d'être détourné par M. le ministre de prendre la parole, j'y suis encouragé par les dernières paroles qu'il vient de prononcer et par les principes qu'il vient de proclamer et auxquels j'applaudis. Sans doute, un fonctionnaire public ne doit pas se servir de ses fonctions pour agir contre le Gouvernement, je l'admets parfaitement ; mais le fonctionnaire public est un citoyen qui a le droit et le devoir de voter suivant sa conscience.

Eh bien, Messieurs, quand les fonctionnaires publics sont empêchés dans l'exercice de ce droit qui vient de leur être solennellement reconnu à la tribune, quand ils en sont privés par le despotisme des préfets, nous devons solliciter un blâme énergique de la part du ministre de l'intérieur, ou du moins l'inviter à empêcher le retour de tels abus. (Très-bien ! très-bien !)

J'ai eu l'honneur, Messieurs, de vous soumettre, dans la pièce imprimée qui vous a été distribuée, quelques réflexions qui sont en dehors du pourvoi que j'ai adressé au Conseil d'État ; j'ai eu soin de ne pas toucher aux questions sur lesquelles ce Conseil va prononcer d'ici à quelque temps.

Depuis neuf mois, mon pourvoi est au Conseil d'État. J'espérais que la solution viendrait plus tôt ; je n'ai pu encore l'obtenir.

Je ne veux pas cependant laisser échapper la seule occasion qui me soit offerte, à propos de la discussion du budget, de vous soumettre des questions qui intéressent nos départements, et le mien particulièrement, si éprouvé depuis quelques années. Voici un premier fait que je soumets à votre appréciation :

Le Conseil municipal de la ville de Luxeuil tout entier, le maire et les adjoints ont été brisés, révoqués, il y a déjà plus de huit mois, sans aucun motif, sans aucune justification, et je le comprends à merveille, car il serait absolument impossible d'en fournir.

Je demande donc formellement à M. le ministre l'intérieur s'il ne croit pas devoir, sous peu, rendre la direction des intérêts de la ville à ses mandataires élus, au lieu de laisser aux membres d'une commission administrative que tout récemment, comme vous l'a dit l'honorable M. Picard, M. le préfet qualifiait de mandataires « de l'avenir. »

Je ne voudrais pas irriter le débat, mais il faut que la Chambre sache quel est le président que l'on a donné à cette commission. On a mis à sa tête un homme qui venait d'être condamné par la police correctionnelle. (Exclamations.)

Permettez, je le nommerai, s'il le faut...

Le président de cette commission administrative a été condamné en police correctionnelle pour avoir cherché à introduire la haine, la discorde et la division dans le sanctuaire de la charité. (Interruptions diverses.)

Ce fait n'est pas contestable : la condamnation a précédé seulement de six semaines la nomination de cet homme à la présidence de la commission municipale.

Dans l'imprimé que je vous ai adressé, j'ai cité trois faits sur lesquels j'appelle l'attention de M. le ministre.

L'authenticité de ces faits n'est pas contestable.

M. le ministre jugera si M. le préfet de la Haute-Saône pratique les doctrines excellentes qu'il vient de proclamer à la tribune.

Voici quels sont ces faits :

Le premier, Messieurs, a une gravité qui ne sera pas méconnue par vous. Un préfet n'a pas craint et a eu le pouvoir d'interrompre le cours de la justice. Voici dans quelles circonstances.

Le tribunal de police correctionnelle de Lure a condamné un sieur ... — je puis le nommer, un sieur Ribaud, — il porte dignement son nom (Hilarité générale),—à quinze jours de prison pour insultes graves et réitérées envers le chef de gare de la ville de Lure. Le sieur Ribaud forme un pourvoi devant le ministre de la justice. Il me prie d'aller au ministère pour obtenir la commutation de cette peine de la prison contre une augmentation d'amende, si c'était possible. (Nouvelle hilarité.)

Ces faits, Messieurs, qui excitent vos rires, ont cependant une grande portée.

Le sieur Ribaud, dis-je, forme son pourvoi et me prie d'insister pour lui.

Je consentis à me rendre au ministère, où l'on me montra un dossier détestable.

On ajouta qu'on allait consulter le procureur impérial. J'en avisai Ribaud, qui me répondit : « Surtout ne consultez pas le procureur impérial ; il a conclu à six mois de prison. » (Exclamations et rires.)

Je lui dis : « Vous pouvez en appeler en cour impériale. » Il me répondit : « Mais la cour augmenterait la peine ! » — « Eh bien ! restez tranquille. » (Bruyante hilarité.)

Ecoutez la suite :

Les élections avaient lieu le 3 et le 4 août. Je suis resté à Paris jusqu'au 24 juillet, pendant que le préfet était en permanence dans la ville de Luxeuil, et certes il était d'une activité extraordinaire. (Bruit.)

Peu de jours après mon arrivée à Luxeuil, le sieur Ribaud vint me trouver ...... (Nouveau bruit.)

M. Glais-Bizoin. — Monsieur de Grammont, attendez le silence.

M. le marquis de Grammont. — Il m'explique sa position : « Je viens, me dit-il, de recevoir tout à l'heure une sommation de me constituer prisonnier, et si dans quarante-huit heures je ne me constitue pas prisonnier, je serai appréhendé par la force publique. Que dois-je faire ? » — « Je crois, lui dis-je, que ce que vous avez de mieux à faire, c'est de vous exécuter. » (On rit.)

Alors il me dit : « Je savais bien que vous n'aviez plus d'influence et que vous ne pouviez plus rien » (Rires). Je lui dis : « Le moment n'est pas favorable, c'est vrai. » (Nouveaux rires.) — Alors il me répond : « J'ai un moyen, monsieur le marquis, j'ai un moyen de ne pas faire ma prison. » — « Eh bien! lui dis-je, employez-le, ce moyen. » (On rit). — « Non, dit-il, comme se parlant à lui-même, c'est trop mal ; je vous suis trop dévoué, je ne veux pas en user. Ce soir, je vais coucher en prison ; je suis parfaitement bien avec le geôlier, ce sera un jour de gagné. » (Interruptions et rire général.)

M. le Président Schneider. — Abrégez, Monsieur de Grammont.

M. le marquis de Grammont. — Je ne demande à la Chambre que quelques minutes.

Mon Ribaud monte en voiture ; au lieu de se diriger du côté de la prison, il va trouver le candidat préfectoral M. Besançon.

M. Besançon lui dit : « Pourquoi n'êtes-vous pas venu plus tôt ? c'eût été la chose du monde la plus simple. Vous n'auriez pas eu de prison à faire, c'est votre faute, vous avez confiance en M. de Grammont, j'en suis fâché pour vous : vous ferez votre prison. »

Cependant il se ravise. Ribaud a une famille assez nombreuse. « Mais enfin, lui dit-il, on peut toujours vous procurer un ajournement. Voici une lettre pour M. le préfet. » Ce dernier était installé à Luxeuil, et là, je ne sais pas les termes de la conversation, mais j'en sais d'une manière pertinente le résultat : une lettre est donnée à Ribaul pour le parquet ; une dépêche télégraphique part en même temps pour le parquet.

M. ERNEST PICARD. — Ces faits sont très-graves.

M. LE MARQUIS DE GRAMMONT. — Le Sieur Ribaud, le surlendemain, était dans les villages du canton de Luxeuil, où il n'est pas électeur ; il usait d'une liberté parfaite pour se signaler de toute espèce de manières. Dans son zèle et sa générosité, il faisait boire tout le monde.

J'ai un certificat portant plusieurs signatures qui atteste diverses offres d'argent dans l'intérêt de la candidature de M. Besançon. (Réclamations.)

Encore quelques mots, Messieurs. (Assez ! assez ! — Parlez ! parlez !) Une demande nouvelle a été adressée sur la recommandation de M. le préfet. J'ajoute que cette demande a été repoussée par M. le garde des sceaux, et je l'en félicite. Il a été signifié à M. Ribaud de subir sa peine avant le 1er novembre. Il a obéi, et c'est en prison qu'il a reçu assignation, en mon nom, d'avoir à comparaître en police correctionnelle à raison des faits de corruption dont il s'était rendu coupable.

M. Granier de Cassagnac. — Il avait commencé par être votre partisan.

M. le marquis de Grammont. — Je n'ai plus que quelques mots à ajouter, relativement à l'éloignement de deux fonctionnaires des plus honorables.

Et d'abord, Messieurs, M. le préfet a adressé aux maires une lettre dans laquelle il attaquait un fonctionnaire très-honorable, des plus méritants, des plus actifs et des mieux notés. Cinq mois avant l'élection, sans donner aucun motif, M. le préfet éloignait ce fonctionnaire, et, en présence de l'effet déplorable que cette mesure avait produit dans toute la localité, M. le préfet s'est permis d'écrire la lettre suivante dont j'ai l'original :

« Mon cher maire,

« On a cherché, dans un intérêt que vous comprendrez trop bien, à attribuer à des raisons électorales le changement de M. Daniel, inspecteur des forêts à Luxeuil.

« La vérité est que je n'entends pas voir le pays soumis au bon plaisir d'employés qui ne comprennent pas leurs devoirs, et que quand il s'agira de vous protéger, vous trouverez toujours en moi un défenseur fidèle et énergique. »

Ici j'hésite à qualifier les faits comme je les sens et comme je les vois.

Je continue :

« La vérité est que l'inspecteur de Luxeuil, qui ne faisait rien par lui-même, se contentait de donner à son service une direction déplorable, contraire aux droits comme aux intérêts des communes.

« La vérité est que ledit inspecteur, qui ne se distinguait pas non plus par la politesse, se permettait de répondre récemment au maire d'Abelcourt : « Dites à votre conseil municipal d'aller..., etc. »

« Ces motifs et d'autres de même nature m'ont seuls déterminé à faire changer M. Daniel, parce que j'aime mieux frapper en haut qu'en bas, et parce que j'espère que cet exemple profitera aux agents inférieurs.

« Recevez, mon cher maire, l'assurance de mes meilleurs sentiments.

« *Le préfet de la Haute-Saône,*

« ARTHUR DE JANCIGNY. »

C'est là, je n'hésite pas à le dire, une circulaire calomniatrice... (Oh ! oh !) Oui, je le dis et je comprends les conséquences de ce mot. (Bruyante interruption.) M. Daniel est un homme parfaitement élevé, d'une politesse exquise, qui a vingt-huit ans de services, c'est l'homme le plus loyal et le plus actif, et qui non-seulement faisait son service directement, personnellement, mais qui a eu le tort peut-être, si c'en est un, de faire le service de son sous-inspecteur, qui est près d'atteindre sa retraite...

Plusieurs voix. — Assez ! assez ! (Bruit.)

D'autres voix. — Parlez ! parlez !

M. LE MARQUIS DE GRAMMONT. — C'est là un fait grave, Messieurs, que de calomnier d'une manière aussi indigne un fonctionnaire qui a vingt-huit ans de bons services.

Et pourquoi ces calomnies? Pour justifier un acte inique. M. Daniel tenait à rester à Luxeuil, il n'avait plus que quelques années avant d'avoir des droits à la retraite ; on lui occasionne des dépenses énormes sans indemnité. Est-il vrai qu'on ait été mécontent de ses services, comme on l'a dit? Il fallait le révoquer, s'il méritait les reproches de la lettre préfectorale. Au lieu de cela, on lui a donné l'inspection, peut-être la plus importante de France, mais sans augmentation de traitement.

Je veux entretenir la Chambre d'un second fait. (Assez ! assez !)

Messieurs, je serai très-bref. Il s'agit d'un percepteur. Sur plus de dix fonctionnaires qui ont été éloignés ou destitués sans motifs allégués, je me bornerai à celui-là, et je prends ce fait parce qu'il concerne un homme d'une honorabilité exceptionnelle et dont les notes sont excellentes. (Assez ! assez !)

M. EUGÈNE PELLETAN. — Parlez ! parlez !

M. LE MARQUIS DE GRAMMONT. — Voici le fait; il est si grave — et je suis bien aise que tout le monde entende ceci — que M. le préfet n'a pas osé l'avouer. M. le préfet m'a affirmé, ainsi qu'à plusieurs personnes, qu'il était resté complétement étranger à cette mesure, qu'il la regrettait, qu'il ne comprenait pas comment un homme si bon, si pacifique, si scrupuleux dans son service, pouvait être éloigné.

Le percepteur s'est adressé à M. le ministre des finances pour connaître les motifs et l'auteur de ce changement imposé.

Voici la lettre que lui a répondue M. le ministre des finances. (Assez ! assez !)

« Monsieur, j'ai pris connaissance de la lettre par laquelle vous réclamez contre la décision en vertu de laquelle vous venez d'être appelé de la perception de Citers (Haute-Saône) à celle de Lucenay-l'Evêque (Saône-et-Loire).

« Votre mutation ayant eu lieu sur la proposition de M. le préfet de la Haute-Saône, *motivée par votre attitude politique*, je vous informe qu'il ne m'est pas possible de revenir sur la mesure prise à votre égard, et je vous invite à prendre vos mesures pour vous faire installer dans votre nouveau poste avant l'expiration du délai réglementaire. »

Notez que c'est plus d'un an avant l'élection. (Exclamations et rumeurs.) Ce percepteur avait le tort d'avoir un père dont la nomination était peut-être due à mon père, et qui avait été vingt ans percepteur ; j'ai recommandé le fils, qui avait vingt-cinq ans de services.

Ce percepteur avait refusé un avancement quelques années auparavant ; le préfet l'a révoqué parce qu'il était lié avec moi et investi de l'estime générale. (Réclamations.)

Je le répète, parmi les dix ou douze éloignements ou révocations non justifiés, je n'ai cité que ces deux exemples. (C'est bien assez !)

M. le préfet n'a osé avouer ni l'un ni l'autre, et il m'a donné sa parole qu'il y était resté étranger. Le ministre lui a donné un démenti, je le dis hautement à cette tribune.

Maintenant, je comprends la discrétion et la réserve que me

commande le pourvoi qui est en ce moment devant le Conseil d'État. (Bruyante hilarité.) Je n'insiste donc pas sur ce sujet ; mais je devais faire connaître à la Chambre les excès que certains fonctionnaires publics se croient autorisés à se permettre, et je profite de cette occasion pour vous dire que dans le moment où nous devons avoir de prochaines élections (bruit), ce préfet, qui ne recule devant aucun moyen, m'assigne en police correction- nelle. Je lui ai fait dire, par M. le ministre de l'intérieur, de de- mander au Corps législatif l'autorisation de me poursuivre ; mais il n'a pas osé le faire, parce que ses griefs sont mensongers et ridicules, parce que son intention est odieuse, insensée.

Eh bien, Messieurs, si des faits de la nature de ceux que j'ai portés à votre connaissance n'étaient pas réprimés par le gou- vernement, il faudrait faire retomber sur lui la responsabilité de cette parole de certain fonctionnaire très-élevé. Ce fonctionnaire pensait qu'il était nécessaire, pour les prochaines élections, d'avoir les préfets les plus énergiques ; il employait une expres- sion pittoresque ; il disait : *Il me faut des préfets... à poigne.* (Rumeurs.) Je lui recommanderai, moi, de choisir des préfets à tête solide. (Mouvements divers.)

. . . .

M. le ministre de l'intérieur ayant répondu à ce discours, M. le marquis de Grammont réplique dans les termes suivants :

M. LE MARQUIS DE GRAMMONT. — Monsieur le ministre a pré- tendu qu'il n'y avait pas eu une seule révocation...

Voix diverses. — Il n'y a rien là de personnel ! — La clôture ! la clôture !

M. LE MARQUIS DE GRAMMONT. — Je vous demande pardon, Messieurs... (Assez ! assez !)

M. LE PRÉSIDENT SCHNEIDER. — J'ai donné la parole à M. de Grammont pour un fait personnel ; je prie la Chambre de l'écouter ; mais je prie également l'honorable membre de se renfermer strictement dans le fait personnel.

M. LE MARQUIS DE GRAMMONT. — M. le ministre a prétendu qu'il n'y avait pas eu de révocations. Je lui indique la directrice du télégraphe d'abord... (Interruptions.) Messieurs, cela a plus de gravité que vous ne le pensez. (Parlez ! parlez ! — Bruit.)

M. le préfet de la Haute-Saône a mis en permanence à ma porte un agent de police chargé de lui rendre compte de tout ce qui se passait chez moi. C'est dans le même but que le préfet a changé la directrice du télégraphe, c'est afin de pouvoir être au courant de mes dépêches. (Exclamations et rumeurs diverses.)

Toujours dans le même but, le préfet a obtenu le changement de la directrice des postes de Luxeuil. M. le directeur général des postes est ici : il sait mieux que moi les bons et excellents services de cette directrice. Elle désirait rester à Luxeuil, où est sa vieille mère ; elle n'avait plus que quelques années à attendre pour avoir droit à une retraite : on l'a envoyée à cent lieues de là. (Nouvelles interruptions.)

M. ERNEST PICARD. — C'est très-grave ! C'est l'histoire des candidatures officielles. (Réclamations.)

Je demande la parole.

M. LE MARQUIS DE GRAMMONT. — Messieurs, M. le ministre vous a dit que des gardes forestiers avaient été révoqués pour avoir lacéré les circulaires de M. Besançon, mon concurrent. Or, ces révocations sont antérieures à la période électorale et à l'apposition des circulaires.

Maintenant la Société des secours mutuels... (Assez! assez!)

Je n'ai plus que quelques mots à dire...

Quelques voix. — Parlez! parlez!

M. LE MARQUIS DE GRAMMONT. — On me dit que M. Clerc a été révoqué à cause de son attitude politique, et que l'on considérait comme attitude politique d'avoir été secrétaire trésorier de la Société de secours mutuels.

Or, loin de condamner cette attitude, les instructions ministérielles recommandent aux Sociétés de secours mutuels de choisir leurs secrétaires-trésoriers parmi les percepteurs autant que possible, et, depuis onze ans, M. Clerc était membre honoraire, non participant, de la Société de secours mutuels de Luxeuil, à laquelle il a donné son temps et son argent avec le plus grand dévouement.

Maintenant, sur cette Société de secours mutuels, j'aurais bien d'autres choses à dire... (Assez! assez!) mais je m'arrête.

Quant au percepteur, que M. le ministre n'a pas nommé et que je ne nommerai pas non plus, il est mon ami intime; c'est un homme distingué par son courage et son caractère loyal, autant que par son intelligence et ses capacités.

M. le ministre a dit qu'il avait été question de le révoquer dès 1861.

C'est là une chose curieuse : ce fonctionnaire, qui aurait mérité, vous dit-on, d'être révoqué dès 1861, reçoit à cette époque une perception d'une classe très-supérieure, une perception valant 3,000 francs de plus... (Interruption. — Assez! assez! — La clôture!)

Messieurs, je maintiens en terminant, et sans redouter aucune contradiction, tous les faits et tous les détails que j'ai fait connaître à la Chambre. (Approbation sur les bancs autour de l'orateur.)

M. Ernest Picard. — Le pays vous donnera raison.

Paris. — Imp. Paul Dupont, rue de Grenelle-Saint-Honoré, 45 (3340—8.8)